Linolschnitt

Entwerfen, Schneiden, Drucken

Nancy Piel

Linolschnitt

Entwerfen, Schneiden, Drucken

Die Deutsche Bibliothek – CIP-Einheitsaufnahme
Linolschnitt: Entwerfen, Schneiden, Drucken / Nancy Piel. – Wiesbaden: Englisch, 2000
ISBN 3-8241-0785-6

© by Englisch Verlag GmbH, Wiesbaden 2000
ISBN 3-8241-0785-6
Alle Rechte vorbehalten. Nachdruck, auch auszugsweise, verboten.
Fotos: Frank Schuppelius
Herstellung: Michael Feuerer
Printed in Spain

Inhaltsverzeichnis

Vorwort

Im Jahre 1860 erfand der Engländer Frederik Walton das Linoleum als preiswerten Fußbodenbelag. Künstler entdeckten Linoleum sehr schnell als leicht zu bearbeitendes Material für Buchillustrationen, Poster und andere grafische Darstellungen. Der Linolschnitt wurde die Alternative zum wesentlich aufwendigeren und schwieriger zu erstellenden Holzschnitt. Berühmte Künstler wie Pablo Picasso oder August Macke schufen Kunstwerke in Linolschnitttechnik.

In diesem Buch möchte ich Ihnen verschiedene Drucktechniken vorstellen. Linoldrucke können in nur einer Farbe erstellt werden. Dazu ist eine Druckplatte erforderlich.

Für die Erstellung von mehrfarbigen Drucken ist im Allgemeinen pro Farbe eine Druckplatte notwendig.

Zuerst möchte ich die traditionelle Linoldrucktechnik mit einer bzw. mehreren Farbplatten erläutern.

Dann folgt der versetzte Druck mit nur einer

Farbplatte, die alte Mischtechnik von Linoldruck mit Aquarellfarben, wobei der einfarbige Linoldruck nachträglich mit Aquarellfarben koloriert wird, und die neue Mischtechnik von Linoldruck mit Acrylfarben, wodurch bei der Herstellung mit nur einer Druckplatte mehrfarbige Drucke entstehen.

Mit diesen Techniken lassen sich, zusammen mit einfachen Schritt-für-Schritt-Anleitungen und Fotos, schöne Linoldrucke herstellen.

An dieser Stelle möchte ich mich bei meiner Tochter Michelle bedanken, die mir eine große Hilfe bei den Schreibarbeiten war, und bei meinem lieben Mann, der mir mit Rat und Tat besonders auch bei Formulierungen und Übersetzungen beigestanden hat. Außerdem danke ich der Firma Abig für die freundliche Unterstützung mit Werkzeugen und Materialien.

Viel Freude beim Entwerfen, Schneiden und Drucken wünscht Ihnen Ihre

Nancy Piel

Material und Werkzeug

Linoleum

Linoleum wurde 1860 als elastischer und schalldämpfender Fußbodenbelag von dem Engländer Frederick Walton erfunden. Ein Gemisch aus Kork, Holzmehl, Kreide, Harzen und Leinöl wird zusammen mit mineralischen Pigmenten auf ein Jutegewebe als Trägermaterial gepresst. Für die Linoldruckplatten genügt eine Materialdicke von 3 bis 3,5 mm, wobei möglichst helles und glattes Linoleum gewählt werden sollte.

Schneidewerkzeuge

Zur Erstellung von Linoldruckplatten werden in der Hauptsache fünf verschiedene Werkzeuge (Messer) benutzt: Geißfuß, Rilleisen, schmales und breites Hohleisen sowie Konturenmesser.

Diese Werkzeuge werden mit verschiedener Griffausführung angeboten, die sich hauptsächlich in Befestigung und Aufbewahrungsmöglichkeit der Messer unterscheidet. Die Anwendung der verschiedenen Messer

ist nachfolgend beschrieben. Sie unterscheiden sich in der Breite und der daraus resultierenden Einsatzmöglichkeit.

Geißfuß

Dieses Messer besitzt eine V-förmige Schneide und wird zum Schneiden der ersten Hauptlinien des Motivs sowie zur Ausarbeitung von Details verwendet.

Rilleisen

Dieses Messer besitzt eine U-förmige Schneide, die breiter als die des Geißfußes ist. Es wird zur Erzeugung breiterer Linien und zum Ausnehmen kleinerer Flächen benutzt.

Schmales Hohleisen

Dieses Messer besitzt eine 3 mm breite Schneide. Es wird zum Ausnehmen von Flächen verwendet.

Breites Hohleisen

Dieses Messer besitzt eine 4 mm breite Schneide. Es ist das breiteste Werkzeug und wird zum Ausnehmen größerer Flächen (Hintergrund) verwendet.

Konturenmesser

Dieses Messer besitzt eine gerade Schneide und wird zur Erzeugung von scharfkantigen Schnittlinien benutzt. Es kann auch zum Vorschneiden feiner Linien benutzt werden, die anschließend mit einem der obigen Werkzeuge ausgehoben werden.

Hinweis: Die Schnitttiefe sollte ca. $1/3$ der Linoldicke betragen. Wird tiefer geschnitten, besteht die Gefahr der Instabilität der Druckplatte. Als Abhilfe empfiehlt sich dann das Aufkleben der Platte auf ein Brett. *Wichtig:* Bei allen Schneidarbeiten soll die

Schneidebrett

Arbeitsrichtung vom Körper weg sein (Verletzungsgefahr). Ausnahme ist das Konturenmesser.

Schneidebrett

Für die Arbeit an der Linolplatte ist ein sicherer Halt derselben wichtig. Als ideale Lösung bietet sich das Schneidebrett an, eine Polystyrolplatte mit zwei rechtwinklig zueinander angeordneten Anschlagleisten. Damit bleiben Hände und Finger hinter dem Schneidewerkzeug. Die Verletzungsgefahr beim versehentlichen Abrutschen der Schneide wird minimiert. Für Kinder ist das Schneidebrett unbedingt zu empfehlen.

Farbtablett

Zum Auftrag der Druckfarbe auf die Farbwalze ist eine Platte mit nicht saugender, glatter Oberfläche erforderlich. Als Material hierfür werden empfohlen: Linoleum, laminierte Pressspanplatte oder Glas. Das Farbtablett wird nach dem Druck gereinigt.

Walzen

Farbwalze

Mit Hilfe der Farbwalze wird die Druckplatte eingefärbt. Sie besteht aus einem Kern aus Aluminium, Holz oder Kunststoff mit einem Walzenbezug aus Naturgummi oder künstlich hergestelltem Gummi. Die Walze ist in einen Metallhalter mit Handgriff und Auflegestützen gelagert. Die Auflegestützen erlauben das Ablegen der eingefärbten Walze während der Arbeit, ohne dass dabei die Walze direkt auf der Unterlage liegt.

Andrückwalze

Mit Hilfe der Andrückwalze wird das zu bedruckende Papier auf die Druckplatte gedrückt. Sie ist baugleich mit der Farbwalze, besitzt aber keine Auflegestützen, da sie nicht mit der Druckfarbe in Berührung kommt.

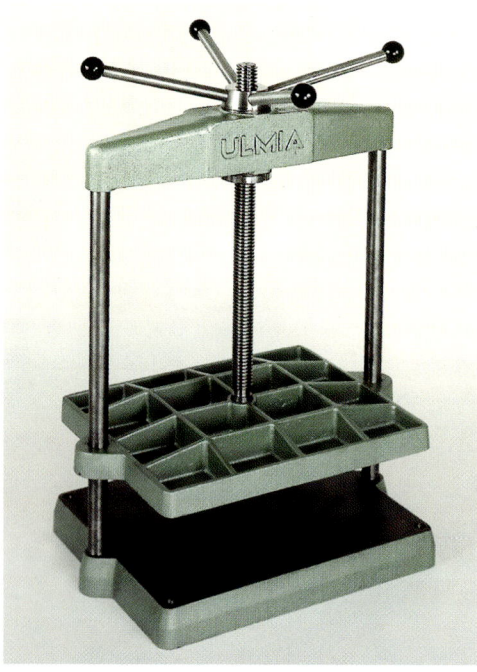

Stockpresse

Handreiber

Mit dem Handreiber wird ebenfalls das zu bedruckende Papier auf die Druckplatte gedrückt. Er besteht aus einem griffgerechten Holzteil (Buche), dessen Andrückfläche eine Filzauflage besitzt.

Esslöffel

Anstelle eines Handreibers kann ein normaler Esslöffel zum Andrücken des Papiers auf die Druckplatte benutzt werden.

Druckpressen

Man unterscheidet zwei verschiedene Ausführungen von Pressen, die Stockpresse und die Walzenpresse.

Stockpresse

Sie funktioniert wie die schon von Gutenberg benutzte Druckpresse und besteht aus einer unteren festen Pressplatte und einer oberen geführten, meist mittels einer Spindel zu bewegenden Pressplatte. Die eingefärbte Druckplatte und das zu bedruckende Medium werden zwischen die obere und untere Pressplatte gelegt. Eventuelle Zwischenlagen aus Filz und Karton oder Papier werden zum Ausgleich von Unebenheiten und zum Schutz vor Verschmutzung dazwischengelegt. Die obere, bewegliche Platte wird mittels der meist durch ein Handrad oder Drehkreuz angetriebenen Spindel nach unten bewegt, sodass ein entsprechend hoher Pressdruck erzeugt werden kann.

Die Stockpresse ist leicht zu bedienen, es werden gleichmäßige Druckergebnisse erzielt. Infolge ihrer Bauweise sind unterschiedliche Druckstockhöhen, z.B. auch für Holzschnitte, möglich.

Walzenpresse

zwischen den Walzen durchbewegt werden kann. Durch mehrmaliges Ausprobieren und Ändern des Anpressdrucks mittels der verstellbaren Oberwalze wird die optimale Einstellung ermittelt.

Die Bedienung erfordert etwas Erfahrung, es werden dann aber bei richtiger Einstellung gleichmäßige, reproduzierbare Druckergebnisse erreicht. Durch falsche, d.h. zu hohe Druckeinstellung sind Beschädigungen des Druckstockes und das Herausquetschen der Farbe möglich. Mit der Zeit werden Sie die richtige Einstellung herausfinden. Durch den erreichbaren hohen Druck kann die Presse auch für Tiefdruckverfahren (z. B. Radierungen) benutzt werden.

Walzenpresse

Sie besitzt eine obere und eine untere Walze mit einem beweglichen Druckschlitten dazwischen. Der Anpressdruck der Walzen ist einstellbar, der Antrieb erfolgt manuell über ein Antriebsrad oder einem Antriebsstern, meist auf die Unterwalze wirkend. Durch ein Untersetzungsgetriebe kann die notwendige Handkraft reduziert werden. Es gibt Druckpressen, bei denen der Druckschlitten durch die Reibung, erzeugt vom Anpressdruck, bewegt wird. Bei den sehr viel schwereren und teureren Walzenpressen wird der Druckschlitten über Zahnstangen geführt. Außerdem gibt es auch Walzenpressen, die elektromotorisch angetrieben werden.

Zum Drucken wird die Druckplatte auf den Druckschlitten gelegt, darüber das zu bedruckende Papier. Zur Druckverteilung kommt über das Papier noch ein Druckfilz oder Karton. Vor dem Druck wird der Anpressdruck so eingestellt, dass der Druckschlitten mit Druckplatte und Filz gut

Druckfarbe

Aqualinoldruckfarbe

Die Aqualinoldruckfarbe ist, wie der Name schon sagt, eine Wasserfarbe und wird deshalb am meisten verwendet. Es gibt sie in verschiedenen Gebindegrößen, abgefüllt in Tuben oder Flaschen.

Unterschiedliche Hersteller bieten eine reiche Auswahl an Aqualinoldruckfarben an. Je nach Hersteller haben die Farben unterschiedliche Charakteristika und auch in der Ergiebigkeit gibt es starke Unterschiede.

Nachfolgend einige der wichtigsten Farben:
Weiß
Hell- oder Mittelgelb
Zinnoberrot (hell)
Karminrot
Blaugrün
Hell- oder Dunkelgrün
Preußischblau
Siena- oder Sepiabraun
Schwarz

Versetzter Druck mit einer Farbplatte, 11 x 15 cm

Vorteile der Aqualinoldruckfarbe
✦ Die Farbe ist gut geeignet für eine kleine Auflage.
✦ Die Farbe ist mit Wasser leicht entfernbar.
✦ Die Farbe trocknet in etwa 5 Minuten, wenn sie nicht zu stark auf die Linolplatte aufgetragen wurde.
✦ Die Farbe kann mit Wasser verdünnt werden, wenn sie zu dickflüssig ist.

Hinweise
✦ Verwenden Sie stets frische Linoldruckfarbe. Bei Verwendung von alter Druckfarbe werden schlechte Ergebnisse erzielt.

✦ Die Druckfarbe kann mit lauwarmem Wasser und Seife von Druckplatte und Geräten abgewaschen werden.

Nachteile der Aqualinoldruckfarbe
✦ Bei mehr als ca. fünf Drucken hintereinander hat die Aqualinoldruckfarbe die Eigenschaft, dünne Linien auf der Linolplatte auszufüllen. Sie müssen die Linolplatte säubern und völlig trocknen lassen, bevor Sie weiter drucken können.
✦ Dickeres Papier muss angefeuchtet werden. Das Papier wird etwa eine Stunde vorher genässt und zwischen Löschpapier gelegt. Wenn dies nicht erfolgt, entstehen Wellen im getrockneten Papier.
Wenn Sie Büttenpapier und dickeres Papier nicht anfeuchten, erscheint die Druckfarbe an manchen Stellen heller oder dunkler.

Buchdruckfarbe
Buchdruckfarbe (Ölbasis) wird in drei verschiedenen Gebindegrößen angeboten: in 100-ml-Tuben, 200-ml-Tuben und in 1-kg-Dosen.

Eine Auswahl an Farben
Weiß
Gelb
Orange
Rot (bläulich)
Grün
Preußischblau
Braun
Schwarz

Vorteile der Buchdruckfarbe

✦ Für eine große Auflage von Drucken ist diese Farbe empfehlenswert.

✦ Die Farbe hat die richtige Konsistenz und füllt dünne Linien nicht aus.

✦ Das Papier muss nicht genässt oder angefeuchtet werden.

✦ Die Buchdruckfarbe ist in der Farbe intensiver als die Aqualinoldruckfarbe.

✦ Die Buchdruckfarbe trocknet hart und lässt sich nicht mehr entfernen.

Nachteile der Buchdruckfarbe

✦ Die Buchdruckfarbe trocknet hart, aber erst nach 24 Stunden, deshalb brauchen Sie viel Platz zum Trocknen der Drucke.

✦ Die Linolplatte und das Werkzeug müssen mit Terpentinersatz (Lösungsmittel) gesäubert werden.

✦ Die Druckfarbe ist von Kleidern schwer entfernbar. (Nicht für Kinder geeignet)

✦ Die Buchdruckfarben haben die Eigenschaft, im einmal geöffneten Liefergefäß zu trocknen. Deshalb kaufen Sie nur so viel Farbe wie notwendig.

Druckuntergründe

Seidenpapier: ist ein dünnes halbdurchsichtiges Transparentpapier. Dieses Papier ist in vielen verschiedenen Farben erhältlich. Es wird aus Seilabfall hergestellt. Es ist preisgünstig und kann von Kindern gut benutzt werden. Zum Drucken mit der Hand ist es gut geeignet.

Reispapier: wird manchmal auch Japan- oder Chinapapier genannt. Dieses Papier ist normalerweise schneeweiß und hat ungleichmäßige, wie abgerissen aussehende Ränder. Es ist zum Drucken mit der Hand oder mit der Presse geeignet.

Japanpapier: ist ein dünnes Papier, das aus Pflanzen hergestellt wird. Dieses Papier besitzt ungleichmäßige Büttenränder. Es ist zum Drucken von Hand oder mit der Presse geeignet.

Ingrespapier: besitzt eine glattere Oberfläche und wurde erstmals von einem französischen Künstler hergestellt (Jean Ingres 1780–1867). Dieses Papier ist zum Malen und Zeichnen gut geeignet, aber auch zum Drucken mit der Presse oder von Hand.

Kunstdruckpapier: ist ein maschinell hergestelltes weißes Papier. Dieses Papier ist nicht zum Drucken geeignet, da es die Linoldruckfarbe aufsaugt und dadurch Wellen entstehen.

Packpapier: wird normalerweise zum Verpacken von Paketen benutzt. Es ist ein hellbraunes, reißfestes Papier, das sich gut zum Druck von Geschenkpapier eignet. Außerdem ist es kostengünstig und daher für Kinder gut geeignet.

Baumwollstoff/Seidenstoff: kann zum Drucken mit spezieller Stoffdruckfarbe benutzt werden. Die Stoffdruckfarben müssen 24 Stunden trocknen. Danach müssen Sie die Druckfarbe auf der linken Seite fixieren. (Beachten Sie stets die Anweisungen der Stoffdruckfarbenhersteller.)

Auswahl der Motive

Ein paar einfache Regeln helfen Ihnen, gute Linolschnitte zu gestalten.

Am Anfang steht immer die Auswahl des Motivs. Wie alle Drucktechniken ist auch der Linolschnitt für bestimmte Motive besonders geeignet. Er verstärkt und verdeutlicht das Wesentliche. Deshalb fällt der Auswahl des Motivs die entscheidende Bedeutung zu.

Dazu einige wichtige Hinweise:

✦ Sie müssen sich darüber im Klaren sein, was mit dem Linolschnitt erreicht werden soll.

✦ Arbeiten Sie vor dem Schneiden mehrere Entwürfe aus. Drei oder vier Entwürfe sollten zur Auswahl stehen.

✦ Der Linolschnitt verlangt aufgrund seiner Eigenschaften kein perfektes oder exaktes Vorzeichnen auf der Linolplatte.

✦ Die Gefahr des Abrutschens ist beim Linolschnitt sehr groß, deshalb sollte zur Vermeidung von Schneidefehlern konzentriert gearbeitet werden. Falls Sie doch mit dem Messer abrutschen, brauchen Sie jedoch nicht aufzuhören. Oftmals sind Schneidefehler nach Abschluss der Arbeit nicht mehr zu erkennen oder können mit Hilfe von

Klebstoff und Linolresten falls notwendig ausgebessert werden.

✦ Wählen Sie eine ungerade Anzahl von Gegenständen für Ihr Bild. Eine gerade Anzahl an Gegenständen wirkt meist gleichmäßig und damit oft langweilig.

✦ Zeichnen Sie Ihr Hauptobjekt rechts oder links von der Mitte der Linolplatte, nicht ins Zentrum, damit nicht nur das Hauptobjekt, sondern auch die Nebenobjekte beachtet werden.

✦ Zeichnen Sie verschieden große Objekte, während Sie Ihren Entwurf gestalten. Große, mittlere und kleine Objekte sollten in sich geschlossen sein.

✦ Gestalten Sie manche Bereiche mit einem strukturellen Effekt.

✦ Übereinander liegende Gegenstände bewirken ein Gefühl der Tiefe.

✦ Kombinieren Sie verschiedene Gegenstände miteinander, z.B. große und kleine. Dies macht Ihren Druck interessanter.

✦ Lassen Sie auch freie Flächen stehen, sonst wird der Linolschnitt zu lebhaft.

✦ Versuchen Sie, mehr positive oder mehr negative Flächen auf Ihrer Linolplatte einzuzeichnen. Eine Aufteilung 50 : 50 ist langweilig.

Druck mit vier Farbplatten, 50 x 60 cm

Folgende Motive eignen sich besonders für Linoldrucke:

◆ Gebäude: Fachwerkhäuser, Kirchen, Burgruinen, Kirchtürme

◆ Landschaften: Waldlandschaften, Gebirge, Wasser, Meer und Schiffe

◆ Stillleben: Blumen und Früchte, Früchte und Pflanzen, unterschiedliche Objekte zusammen, Blumen in einer Vase

◆ Menschen: Porträts, junge und alte Leute, Indianer, Charakterköpfe

◆ Clowns: Wenn dieses Motiv für Kinder sein soll, versuchen Sie die eine Hälfte positiv und die andere Hälfte negativ auszuführen.

◆ Abstrakte Designs: Die Linoldruckplatte wird in einer abstrakten Art geschnitten. Das Design entsteht während des Schneidens, Sie brauchen keinen Entwurf zu machen.

◆ Tiere: Unter Benutzung von Mustern kann fast jedes Tiermotiv dargestellt werden (z. B. Zebramuster).

◆ Wiederholung von Motiven: Die Wiederholung von Motiven ergibt generell ein interessantes Bild. Dabei ist auf das exakte Aneinanderreihen der einzelnen Drucke zu achten.

◆ Besonders eindrucksvoll: einfache Motive großformatig gedruckt.

Linoldruck mit Acrylfarben, 15 x 10,5 cm

Linoldruck mit Acrylfarben, 10,5 x 15 cm

Entwurf und Layout

Bildaufbau

Das hier gezeigte Beispiel ist eine Vase mit Blumen auf einem Tisch.

Bild 1

Die Vase mit den Blumen ist zu klein. Sie scheint im Raum zu schweben. Das Auge erfasst nicht das Bild, es sieht nur die Vase mit den Blumen.

Bild 2

Die Vase ist größer und enthält eine ungerade Anzahl von Blumen.

Bild 3

Die in Bild 2 gezeigte Vase wird durch die Andeutung einer Tischkante ergänzt.

Bild 4

Die Vase wird links von der Bildmitte gezeichnet. Die Tischkante ist in ca. $1/3$ der Bildhöhe angeordnet. Zusätzlich werden vertikale Linien – z. B. Tapeten – gezeichnet.

Bild 5

Bild 6

Die Tischkante wird in ca. ²/₃ der Bildhöhe angeordnet, ebenfalls die vertikalen Linien. Dadurch wird der Charakter des Bildes verändert. Die Tischkante sollte niemals genau in der Bildmitte verlaufen.

Das Bild ist genauso aufgebaut wie Bild 5, aber spiegelverkehrt. Manchmal sieht ein Bild besser mit dem Zentrum links oder aber rechts aus. Bedenken Sie daher alle Möglichkeiten.

Fertiger Druck

Schneidetechnik und Bildaussage

Als Beispiel zeige ich ein Schiff mit Vorder- bzw. Hintergrund, wobei die entsprechenden Schneidetechniken erläutert werden.

Bild 1

Dieses Bild zeigt nur die Umrisslinien in positiver Form (also ausgeschnitten), alles andere bleibt negativ.

Bild 2

Die Hauptobjekte bleiben negativ, der Rest des Bildes ist positiv, also ausgeschnitten.

Bild 3

Nur die Hauptobjekte erscheinen positiv, der Rest bleibt negativ.

Bild 4

Die Hauptobjekte bleiben im Negativbereich, $2/3$ der Bildhöhe sind positiv, nur das obere Drittel bleibt negativ.

Bild 5

Bild 6

Die Hauptobjekte sind kombiniert, positiv und negativ ausgeschnitten. Die Horizontlinie liegt etwa in ²/₃ der Bildhöhe. Auch der Hintergrund ist kombiniert, positiv und negativ ausgeschnitten.

Die Hauptobjekte sind, wie in Bild 5 beschrieben, positiv und negativ ausgeschnitten. Beim Hintergrund ist das obere Bilddrittel negativ, während das untere Bilddrittel gemustert ist.

Fertiger Druck

21

Bildausschnitt und Perspektive

Als Beispiel zeige ich einen Korb mit Äpfeln.

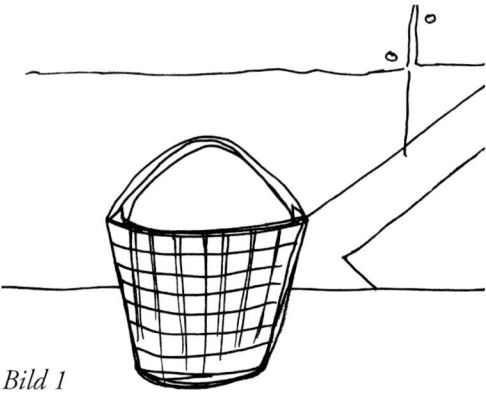

Bild 1

Der Korb befindet sich fast in der Bildmitte, wobei die horizontale Linie auch noch durch die Mitte des Bildformats geht. Dieser Entwurf ist nicht sehr interessant. Der Bildaufbau erfordert Änderungen.

Bild 2

Der Korb ist zum rechten Bildrand gerückt. Es sind Äpfel darin. Der Hintergrund ist interessanter, der Korb steht auf einem Holzfass.

Bild 3

Der Korb wurde kleiner gezeichnet und befindet sich auf dem Boden. Äpfel liegen daneben. Der Hintergrund macht das gesamte Bild noch interessanter.

Bild 4

Der Korb wurde nur ein wenig größer gezeichnet, ein Hocker wurde zur Vervollständigung hinzugefügt. Bitte denken Sie immer daran, dass diese Gegenstände links oder rechts von der Bildmitte gezeichnet werden.

Bild 5

Der Korb hat eine andere Form und steht auf einem Hocker. Der Hintergrund ist durch die Hauswand stark strukturiert. Einige Äpfel liegen auf dem Boden.
Durch diese Elemente wird der Bildaufbau, die Bildkomposition interessanter.

Durch Experimentieren wird das endgültige Ergebnis gefunden. Es ist darauf zu achten, dass das Bild nicht zu überladen wirkt.
Dem Bildaufbau, der Komposition, ist beim Linolschnitt die größte Aufmerksamkeit zu widmen. Durch Anfertigen verschiedener Skizzen wird der beste Bildaufbau herausgefunden. Das Bild soll den Betrachter fesseln.

Fertiger Druck

Man geht von unterschiedlichen Bildkompositionen aus:

✦ Alle Objekte werden um die Bildmitte herum angeordnet. Die Verteilung ist gleichmäßig. Diese Anordnung ist geradeheraus und einfach.

✦ Bei der zweiten Art des Bildaufbaus werden die Hauptbereiche links oder rechts von der Bildmitte angeordnet. Es sollte ein interessantes Bildformat gewählt werden. Durch die Anordnung einer ungeraden Anzahl von Objekten im Bildaufbau wird eine interessante und für den Betrachter sehr fesselnde Komposition erreicht.

✦ Weiterhin kann ein einzelnes Objekt in einem sehr großen Format in Übergröße dargestellt werden. Alternativ im Vergleich zur Bildgröße kann auch ein sehr kleines Objekt gezeigt werden.

✦ Eine andere Idee ist, verschiedene kleine Linoldruckplatten zu einem großen Bild zu vereinen. Diese Komposition ist für den Betrachter sehr interessant. Oder Sie drucken mit der gleichen Druckplatte mehrfach über- und untereinander.

Regeln für die Komposition von interessanten Linolschnitten

✦ Sie betrachten den zur Verfügung stehenden Platz auf der Linoldruckplatte und entwickeln die Bildkomposition.

✦ Zeichnen Sie einen interessanten Bildentwurf.

✦ Beachten Sie, dass die Augen des Betrachters von links nach rechts über das Bild wandern.

✦ Arbeiten Sie mit einer ungeraden Anzahl von Objekten.

✦ Versuchen Sie nicht, alles in der Bildmitte anzuordnen.

✦ Vergessen Sie nicht, freie Flächen im Bildaufbau zu belassen.

Linoldruck mit Acrylfarben, 15 x 10,5 cm

Linoldruck mit vier Farbplatten, 50 x 60 cm

Linoldruck Schritt für Schritt

Entwurfsübertragung

Mit einem Bleistift oder auch mit einem wasserfesten Stift kann der Entwurf direkt auf die Linolplatte übertragen werden. Grundsätzlich ist zu bedenken, dass der Linoldruck immer ein Spiegelbild der Druckplatte ergibt. Deshalb sollte bei einem Entwurf direkt auf der Linolplatte dieser seitenverkehrt gezeichnet werden. Beispielsweise müssen Buchstaben spiegelbildlich geschnitten werden, um nachher richtig herum auf dem Druck zu erscheinen.

Bei Benutzung eines Bleistifts können Fehler radiert werden, während die Linien eines wasserfesten Stifts besser sichtbar sind und auf dem Linoleum besser halten, dafür aber auch nicht mehr entfernt werden können.

Wichtig: Immer vom Körper weg schneiden!

Sie können Ihren Entwurf aber auch auf Transparentpapier zeichnen und ihn dann mit Blaupapier auf die Linolplatte übertragen. Dies hat den Vorteil, dass das Transparentpapier umgedreht, also linksseitig, auf Blaupapier und Linolplatte gelegt werden kann und somit der Entwurf spiegelbildlich auf die Linolplatte übertragen wird. Druck und Entwurf entsprechen sich somit und es entsteht kein Spiegelbild des Entwurfs beim Drucken. Das Blaupapier wird dabei am einfachsten mit Klebeband befestigt.

Ausschneiden

Ungeübte sollten vorher Schnittversuche machen, um herauszufinden, wie die verschiedenen Linolwerkzeuge schneiden.

Üben Sie deshalb mit jedem Messer zu schneiden und auszuheben. Dabei beachten Sie bitte immer die Sicherheitsregel, Hände und Finger der Schneidrichtung abgewandt zu halten und immer vom Körper weg zu schneiden, um bei eventuellem Abrutschen die Verletzungsgefahr auszuschließen.

Konturenmesser: Dieses Messer wird zur Erzeugung scharfkantiger Schnittlinien verwendet. Es wird damit nie senkrecht sondern immer schräg geschnitten.

Geißfuß: Dieses Messer wird zum Schneiden der ersten Hauptlinien des Entwurfs sowie zur Ausarbeitung von Details verwendet.

Rilleisen: Dieses Messer wird zur Erzeugung von breiteren Linien und zum Ausnehmen kleinerer Flächen benutzt.

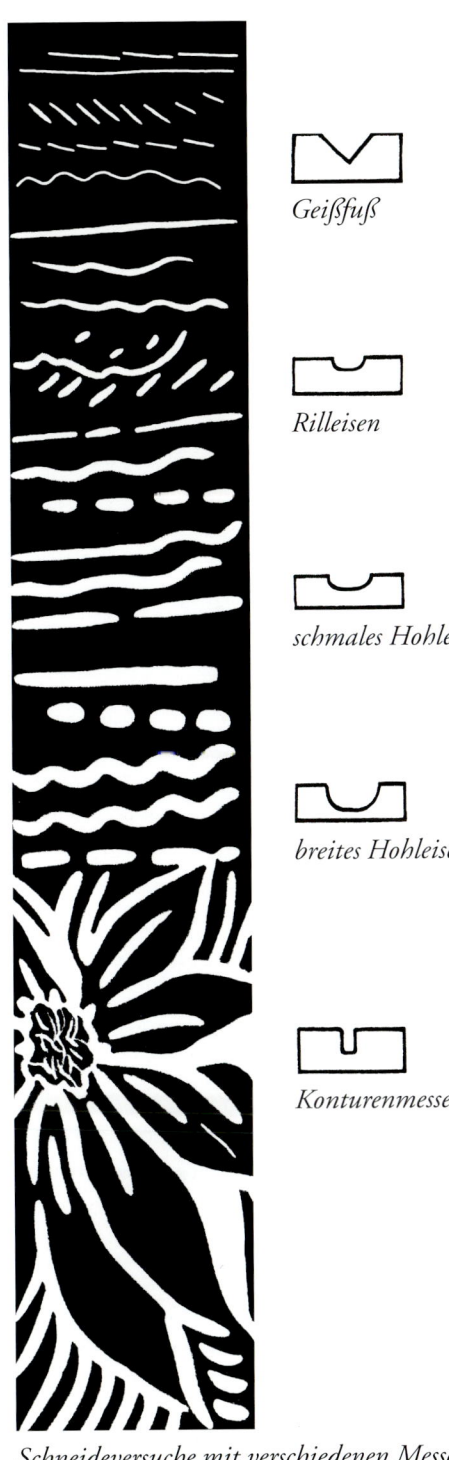

Geißfuß

Rilleisen

schmales Hohleisen

breites Hohleisen

Konturenmesser

Schneideversuche mit verschiedenen Messern

Schmales Hohleisen: Dieses Messer wird zum Ausnehmen mittelgroßer Flächen verwendet.
Breites Hohleisen: Es ist das breiteste Werkzeug und wird zum Ausnehmen größerer Flächen (Hintergrund) verwendet.
Die vorgenannten Messer werden schräg in die Linoloberfläche eingeführt, danach schneiden Sie möglichst flach, um nicht zu viel Material abzutragen.

Aufbringen der Farbe

1. Geben Sie etwas Druckfarbe auf die Farbplatte bzw. eine Glas- oder Kunststoffplatte und verteilen Sie die Druckfarbe mit der Farbwalze so, dass die gesamte Oberfläche der Farbwalze eingefärbt ist. Dabei müssen Sie beachten, dass die Farbe gleichmäßig verteilt ist. Zuviel Druckfarbe auf der Farbwalze führt zum Ausfüllen der dünnen Linien auf Ihrer Linolplatte.
2. Rollen Sie mit der eingefärbten Walze kreuz und quer über die Linolplatte, bis sie gut eingefärbt ist.

Auftragen der Farbe auf die Farbplatte

27

Einfärben der Linolplatte

4. Legen Sie zum Schutz vor Verschmutzung ein weiteres Papier darüber. Zum Andrücken können Sie eine Andrückwalze oder eine saubere Farbwalze verwenden. Weiterhin können auch Handreiber oder Esslöffel benutzt werden.

5. Nach dem Druck heben Sie das Papier langsam ab, damit es nicht reißt oder auf der Druckplatte kleben bleibt. Beginnen Sie an einer Ecke mit dem Abheben. Sollte der Druck noch nicht kräftig genug sein, können Sie ihn nochmals auflegen und mit der Walze darüber walzen.

Erster Druck

Die ersten Probeabzüge werden auf billigem, saugfähigem Papier gedruckt, sie dienen zur Kontrolle der Druckplatte. Abschließende Korrekturen können noch vorgenommen werden.

3. Legen Sie das Druckpapier auf die Linolplatte und drücken Sie es mit der Hand leicht an, sodass das Papier nicht mehr verrutschen kann.

Fertiger Druck

Legen Sie das Druckpapier auf die eingefärbte Linolplatte und walzen Sie mit Andrückwalze, bzw. reiben Sie mit Handreiber oder Esslöffel über das zu bedruckende Papier, sodass dieses die Farbe der Linoldruckplatte aufnimmt.

Druckpapier

Das richtige Papier auszuwählen, ist nicht einfach. Die Art des verwendeten Papiers wird vom Charakter Ihres Linoldrucks bestimmt.

Falls Ihr Linoldruck aus sehr dünnen Linien besteht, empfehle ich Ihnen, ein dünnes, glattes Papier zu benutzen.

Falls Ihr Linoldruck aus dickeren Linien oder großen, ausgeschnittenen Flächen besteht, empfehle ich dickeres Papier mit einer raueren Oberfläche zu verwenden.

Vor der Entscheidung für ein bestimmtes Papier sollten Sie sich ein Sortiment an Papier zulegen. Probieren Sie die verschiedenen Papiersorten aus und entscheiden Sie sich dann für das, was Ihnen am besten gefällt.

Drucken mit der Presse

Stockpresse

Zuerst wird die eingefärbte Linoldruckplatte auf das Druckfundament der Presse gelegt. Darauf kommt das zu bedruckende Papier.

Naturgemäß sind Ihre Hände durch das Handhaben der Druckplatte mit Farbe verschmutzt, die nicht auf das saubere Druckpapier kommen soll. Deshalb falten Sie zwei kleinere Papierstücke und greifen damit das Druckpapier.

Über das Druckpapier wird der Druckfilz mit einem Zwischenpapier zur Vermeidung von Verschmutzung gelegt. Der Filz sorgt für die gleichmäßige Verteilung des Pressendruckes.

Der Pressendruck wird durch Drehen des Spindelrades erzeugt. Durch Erfahrung werden Sie lernen, wieviel Pressendruck für einen bestimmten Druck erforderlich ist. Es ist sinnvoll, mit geringem Druck zu beginnen, zwischendurch durch Anheben einer Ecke des Druckpapiers von der Druckplatte das Ergebnis zu prüfen und dann ggf. den Pressendruck weiter zu steigern.

Nach Beendigung des Druckvorgangs wird der Druckfilz entfernt und der fertige Druck sehr langsam von der Druckplatte abgehoben und geprüft.

Walzenpresse

Zuerst wird die eingefärbte Linoldruckplatte auf ein sauberes Blatt Papier auf den Druckschlitten der Presse gelegt. Als nächstes wird das zu bedruckende Papier aufgelegt. Bitte darauf achten, dass keine Abdrücke von schmutzigen Händen entstehen. Auch hier kann ein Zwischenpapier zur Vermeidung von Verschmutzung verwendet werden. Abschließend wird der Druckfilz aufgelegt.

Die Einstellung der Walzenpresse und damit des Pressendruckes erfolgt durch zwei Stellschrauben, mit denen die obere Walze auf die Dicke des Druckpakets eingestellt wird. Es ist darauf zu achten, dass die Walze parallel zum Druckschlitten bleibt. Durch Drehen des Antriebssternes wird der Druckschlitten zwischen den Walzen von einer Seite zur anderen bewegt.

Wenn Sie durch Versuche die richtige Druckeinstellung ermittelt haben, kann die gesamte von Ihnen vorgesehene Auflage mit dieser Einstellung gedruckt werden.

Nachdem ein Druck fertiggestellt wurde, wird jeweils der Druckfilz abgehoben und das bedruckte Blatt wie bereits beschrieben langsam von der Druckplatte abgehoben und geprüft.

Nummerieren und Signieren

✦ Zuerst machen Sie einen oder zwei Abzüge auf saugfähigem Papier. Damit wird die Qualität der Linoldruckplatte überprüft.

✦ Der erste und zweite Abzug werden Erster Entwurf / Abzug = EE oder EA genannt. Die Abzüge werden in der unteren linken Ecke mit EE oder EA gekennzeichnet.

✦ Danach beginnen Sie mit der Nummerierung Ihrer Drucke. Die Nummer wird normalerweise mit Bleistift in der unteren linken Ecke des Druckes angebracht: $^{1}/_{25}$ z. B. bedeutet, dass es sich hier um den ersten Druck von insgesamt 25 Abzügen von einer entsprechenden Linoldruckplatte handelt. Ein Druck mit nur 25 Kopien hat einen größeren Wert als z. B. ein Druck mit 500 Kopien von einer Druckplatte.

✦ In der Mitte unter dem Druck wird der Titel Ihres Druckes eingetragen. Gibt es keinen Titel, bleibt dieser Platz frei.

✦ In der rechten unteren Ecke unter dem Druck wird Ihre Signatur angebracht. Sie können dort auch das Jahr nennen, in dem der Druck angefertigt wurde.

Versetzter Druck mit einer Farbplatte, 15 x 11 cm

77/25

N. Piel L96

Druck mit einer Farbplatte auf Tonpapier, 10,5 x 15 cm

Mögliche Fehler und deren Beseitigung

Schneidefehler

✦ Zu tiefes Schneiden in das Linoleum kommt durch zu hohen Druck oder zu steilen Schneidwinkel. Die richtige Schnitttiefe beträgt etwa 1 mm.

✦ Beim Schneiden mit dem Geißfuß sollte dieser so geführt werden, dass gleichzeitig nach unten, jedoch nicht zu tief, und in die vorgesehene Schneidrichtung geschnitten wird. Ansonsten besteht die Gefahr des Ausbrechens des Linoleums.

✦ Wenn mit dem Geißfuß Linien geschnitten werden, sollte genügend Abstand zwischen den Linien eingehalten werden, sonst könnte der Steg zwischen den Linien leicht ausbrechen.

✦ Wird auf der Druckplatte ein kleiner Fehler gemacht, so kann dieser Bereich immer komplett ausgeschnitten werden oder es kann eine gemusterte Fläche angelegt werden.

✦ In den meisten Flächen ist ein Fehler später nicht zu erkennen. Arbeiten Sie normal weiter. Durch den Gebrauch der Schneidewerkzeuge entstehen immer einige wenige Fehler auf der Druckplatte, aber gerade das kann den Reiz eines Linoldrucks ausmachen. Wollen Sie einen Fehler unbedingt ausbessern, kann dies mit Klebstoff und einem Stück Linolrest geschehen.

✦ Manchmal ändere ich den Entwurf einer Druckplatte während der Schneidearbeit. Wird ein Bereich der Druckplatte zu detailliert, so lasse ich dort Teile weg, während ich zu leere Bereiche möglicherweise mit einem zusätzlichen Muster oder einer Maserung versehe.

✦ Der Erfolg beim Linoldruck erfordert im Gegensatz zu anderen einfachen Techniken Erfahrung und Experimentierfreudigkeit. Meine Empfehlung ist, mit kleineren Druckformaten zu beginnen und dann mit größer werdender Erfahrung und Sicherheit zu größeren Formaten überzugehen.

Fehler beim Drucken

Beim Drucken mit der Hand oder mit der Presse besteht immer die Gefahr, Fehler zu machen.

Zu wenig Farbe

Zu wenig Farbe

Druck. Ein guter Druck hat überall eine gleichmäßige Farbe. Manchmal ist dieser Effekt jedoch gewollt. Er kann dann am besten beim Drucken mit der Andrückwalze erreicht werden, indem diese je nachdem fester oder weniger fest angedrückt wird.

✦ Es wurde zuviel Farbe auf die Druckplatte aufgetragen. Dadurch werden feine Linien mit Farbe gefüllt und erscheinen damit auch nicht mehr auf dem Druck. Dieser Fehler kommt häufiger bei wasserlöslichen Farben vor. Abhilfe schafft hier Reinigen der Druckplatte und Neuauftrag von Farbe.

Ein Weg, diesen Fehler zu beseitigen, ist weniger intensives Aufwalzen von Farbe auf die Druckplatte. Zwei- oder dreimal ist das Maximum, wobei immer komplett von einer Seite der Druckplatte auf die andere gewalzt werden muss. Niemals in der Mitte der Druckplatte mit Walzen aufhören!

✦ Normalerweise entstehen Druckfehler durch den Gebrauch von ungeeignetem Papier oder durch falsche Geräte und Materialien. Es ist unumgänglich, das richtige Papier und die richtige Farbe zur Erzeugung eines perfekten Linoldrucks zu verwenden. Frische Druckfarbe hat die richtige Konsistenz und ist unabdingbar für ein erfolgreiches Drucken.

Zur Korrektur der Druckfarbenkonsistenz wird bei wasserlöslichen Farben zum Verdünnen Wasser tropfenweise zugegeben. Bei Ölfarben werden zum Verdünnen sehr kleine Mengen Terpentin hinzugefügt.

Mögliche Fehler auf dem fertigen Druck

✦ Es wurde nicht genügend Farbe auf die Druckplatte aufgetragen. Dadurch entstehen helle oder dunkle Bereiche auf dem

Zu viel Farbe

33

Zu viel Farbe

Mit wachsender Erfahrung lernen Sie, welche Fehler auftreten können. Selbst nach jahrelangem Drucken können Druckfehler entstehen.

Unvollkommene Drucke können schöner und interessanter sein als die perfekten. Zudem ist jeder Abdruck eine Art unverwechselbares Unikat. Werfen Sie Ihre weniger gelungenen Drucke nicht weg, sondern experimentieren Sie mit neuen Techniken. Sie werden von den Ergebnissen überrascht sein.

Ein guter Linoldruck erfüllt die nachfolgenden Kriterien:

✦ eine gleichmäßige Farbverteilung
✦ alle Linien sind klar abgebildet
✦ keine unausgefüllten Stellen oder Flecken auf dem Druck

Das Drucken von Hand vergrößert normalerweise die Fehlerhäufigkeit, gibt aber auch, wie schon oben angesprochen, jedem einzelnen Abdruck seine besondere Note. Alle Drucke in diesem Buch sind von Hand gedruckt. Die Benutzung von Druckpressen verringert die Fehlerquote und ergibt praktisch immer gleich bleibende Drucke. Eine gute Farbverteilung wird durch Anwendung von Buchdruckfarbe gewährleistet. Die Möglichkeit von Fehldrucken wächst bei der Erstellung von großformatigen Bildern und bei mehrfarbigen Drucken.

Die nachfolgenden Kriterien sollten beim Drucken eingehalten werden:

✦ Benutzen Sie immer eine gute Papierqualität und frische Druckfarben.
✦ Reinigen Sie die Druckplatte nach Beendigung der Schnittarbeiten sorgfältig von allen Farb- und Schmutzresten.
✦ Verwenden Sie immer die richtige Menge an Druckfarbe, weder zu viel noch zu wenig.
✦ Benutzen Sie Hilfspapier beim Handhaben der zu bedruckenden Bögen, um diese sauber zu halten.
✦ Arbeiten Sie langsam und vorsichtig, damit ein perfekter Druck entsteht.

Fertiger Druck

Farblinoldruck

Druck mit einer Farbplatte

1. Zeichnen Sie einen Entwurf und übertragen Sie diesen auf die Linolplatte.

2. Zur Übertragung des Entwurfs benutzen Sie Blaupapier. Befestigen Sie das Papier mit Klebeband. Sie können aber auch mit Bleistift oder Filzstift direkt auf die Linolplatte zeichnen.

Druck mit einer Farbplatte, 50 x 60 cm

Hinweis: Das auf die Linolplatte geschnittene Bild erscheint beim Druck immer spiegelbildlich.

3. Schneiden Sie Ihren Entwurf aus der Linolplatte und benutzen Sie dazu die verschiedenen Schneidewerkzeuge.

4. Bereiten Sie Farbpalette, Druckfarbe, Walzen und Papier zur Ausführung des Druckes vor.

5. Geben Sie etwas Druckfarbe auf die Farbpalette bzw. eine Glas- oder Kunststoffplatte und verteilen Sie diese gleichmäßig mit der Farbwalze auf der Platte.

6. Als Nächstes tragen Sie die Farbe mit der Walze auf die Linolplatte auf. Achten Sie dabei auf die gleichmäßige Verteilung der Farbe, bevor Sie drucken.

7. Legen Sie das Druckpapier auf die eingefärbte Linolplatte. Dabei sollte das Blatt so gut wie möglich zentriert werden. Halten Sie mit der Hand das Papier auf der Linolplatte, sodass es nicht mehr verrutschen kann. Zum Drucken benutzen Sie eine Andrückwalze oder eine saubere Farbwalze und walzen kreuz und quer über das Papier.

8. Überprüfen Sie den Druck, indem Sie eine Ecke des Papiers hochheben und nachschauen. Sollte der Druck nicht genügend sein, so legen Sie das Papier wieder hin und rollen abermals mit der Walze darüber.

9. Ziehen Sie das bedruckte Papier vorsichtig von der Linolplatte ab und legen Sie es zum Trocknen beiseite.

10. Drucken Sie so viele Blätter wie die von Ihnen festgelegte Auflagezahl beträgt.

11. Signieren und nummerieren Sie alle Drucke.

Dame in Blau, Druck mit einer Farbplatte, 60 x 80 cm

Druck mit zwei Farbplatten (60 x 80 cm):
1. unbearbeitete Linolplatte mit hell- und dunkelblauer Einfärbung.
2. Druck mit blauer Linolplatte.
3. Druck mit violettfarbener Linolplatte.

Druck mit zwei Farbplatten

1. Befolgen Sie die Anweisungen zum Drucken mit einer Farbplatte. Die Platte wird so geschnitten, dass die Bereiche für die zweite Farbe freibleiben. Der Druck mit der ersten Platte wird wie bereits beschrieben ausgeführt.
2. Lassen Sie den Druck völlig trocknen.

3. Für die zweite Farbe muss eine separate Linolplatte geschnitten werden. Schneiden Sie die Platte und vergleichen Sie sie mit der ersten Platte. Die zweite Platte bedruckt die Stellen, die bei der ersten Platte ausgespart wurden.
4. Drucken Sie die zweite Farbe direkt auf den abgetrockneten ersten Druck.
5. Lassen Sie auch diesen Druck trocknen. Damit haben Sie einen zweifarbigen Linoldruck.
6. Drucken Sie auch hier soviele Blätter, wie es die von Ihnen festgelegte Auflagezahl erfordert.
7. Signieren und nummerieren Sie alle Linolschnitte.

Druck mit mehreren Farbplatten

Am besten erstellen Sie zuerst einen Entwurf für eine Farbplatte und drucken ihn ab. So können Sie sich die spätere Farbverteilung besser vorstellen und auch noch Korrekturen durchführen.

Entwurf für eine Farbplatte

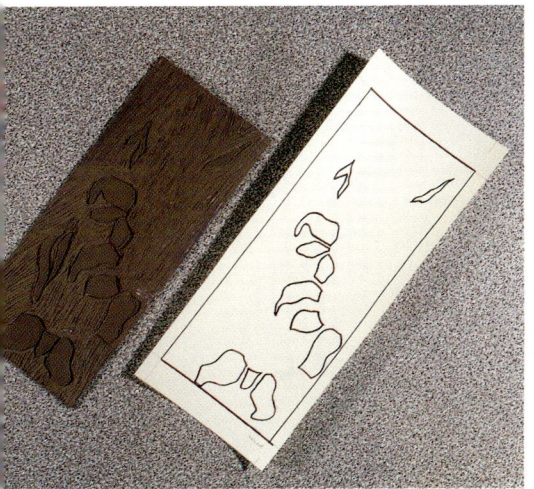

Hellrote Farbplatte

Grüne Farbplatte

1. Mit Hilfe dieses ersten Drucks erstellen Sie einen Entwurf für jede Linolplatte. Es bleibt jeweils der Bereich frei, der für die anderen Farben vorgesehen ist. Wird von Hell nach Dunkel gedruckt, können auch jeweils Teile des vorhergehenden helleren Drucks mit der dunkleren Farbe überdruckt werden. Wenn Sie von Dunkel nach Hell drucken, ist das natürlich nicht möglich.

2. Übertragen Sie die Entwürfe auf die einzelnen Linolplatten.

3. Schneiden Sie jede Linolplatte. Achten Sie dabei darauf, dass Sie so exakt wie möglich am Originalentwurf schneiden, um beim Drucken Überschneidungen zu vermeiden.

Alle Linolplatten sollten die gleiche Größe haben. Dies hilft, bei den nacheinander erfolgenden Druckgängen die jeweilige Platte genau zu positionieren.

Schneiden Sie die negativen Bereiche nicht völlig aus, sondern lassen Sie ab und zu ein paar (schmale) Stege stehen. Dies bewirkt einen holzschnittähnlichen Effekt,

der dort automatisch durch die Maserung erreicht wird.

4. Beginnen Sie mit der ersten Linolplatte und drucken Sie soviel Blätter, wie es die festgelegte Auflagezahl erfordert. Normalerweise wird mit der hellsten Farbe begonnen und mit der dunkelsten geendet. Sie können auch mit der dunkelsten beginnen, dann ist jedoch ein Überdrucken nicht mehr möglich.

Violette Farbplatte

Dunkelblaue Farbplatte

Anbringen der Markierungslinien

5. Lassen Sie den ersten Druck völlig trocknen und zeichnen Sie mit Bleistift eine Markierungslinie rechts oder links oben auf das bedruckte Papier (siehe Abbildung).

6. Bringen Sie die nächste Druckplatte mit Hilfe der Markierungslinie in Übereinstimmung mit der ersten Druckplatte und drucken Sie die zweite Farbe. Lassen Sie diese trocknen. Drucken Sie für alle Kopien die zweite Farbe. Achten Sie darauf, dass der erste Druck mit dem zweiten übereinstimmt.

7. Bereiten Sie die Druckplatte für die dritte Farbe vor. Bringen Sie die Platte in Übereinstimmung mit der Markierungslinie und drucken Sie die dritte Farbe. Lassen Sie den Druck trocknen und bereiten Sie die vierte Druckplatte vor.

8. Bringen Sie auch die vierte Druckplatte in Übereinstimmung mit der Markierungslinie und führen Sie den Druck aus. Damit ist Ihr vierfarbiger Linoldruck fertig.

9. Entfernen Sie die Markierungslinien mit einem Radiergummi vom Papier.

10. Signieren und nummerieren Sie alle Drucke (siehe Seite 30). Sie können dafür jeden beliebigen Stift verwenden.

Blumen mit vier Farbplatten und dasselbe Motiv mit einer Farbplatte gedruckt

Einfärben der Linoldruckplatte

Druck mit einer Farbe

Versetzter Druck

Hier werden zwei Farben nacheinander mit derselben Druckplatte aufgebracht. Durch einen 2 bis 4 cm breiten Versatz zwischen dem ersten und zweiten Druck ergibt sich eine reizvolle Farbkombination. Der Grunddruck sollte mit der helleren Farbe, der nach-

folgende versetzte Druck mit der dunkleren Farbe erfolgen.

1. Befolgen Sie die Anweisungen zum Drucken mit einer Farbplatte (siehe S. 36).
2. Lassen Sie den Druck trocknen.
3. Geben Sie etwas Farbe auf die Linolplatte.
4. Während Sie die Linolplatte auf den Druck legen, versetzen Sie diese um 2 bis 4 cm nach rechts oder links vom Original-Druck.
5. Heben Sie die Linolplatte vom Papier und schauen Sie, ob Sie mit dem Ergebnis zufrieden sind. Falls Sie mit dem Druck nicht zufrieden sein sollten, probieren Sie beim nächsten Druck einen anderen Versatz, verringern oder vergrößern Sie den Versatz entsprechend.

Hinweis: Nicht jeder Linoldruck führt mit dieser Technik zu einem guten oder interessanten Druck.

6. Drucken Sie die gewünschte Auflage.
7. Signieren und nummerieren Sie alle Linolschnitte.

Versetzter Druck mit einer Farbplatte und zwei Farben

15/35   N. Piel 94

Versetzter Druck mit einer Farbplatte auf Packpapier, 11 x 15 cm

Experimentieren Sie mit verschiedenen Farbkombinationen und verwenden Sie verschiedenfarbiges Papier, z.B. weiße Druckfarbe auf schwarzem Papier oder rote Druckfarbe auf gelbem Papier.

Hinweis: Zum Aufhellen der Farben geben Sie etwas weiße Druckfarbe hinzu, zum Abdunkeln etwas schwarze Farbe.

10/30

Druck mit einer Farbplatte auf Tonpapier

Farbkombinationen für den Versetzten Druck
geeignete Farbkombination – Komplementärfarben:
Gelb – Blau
Grün – Rot
Orange – Lila
Farbkombination – hell und dunkel:
Gelb – Blau
Gelb – Orange
Gelb – Grün
Türkis – Rosa
Gelb – Lila

7/50

Versetzter Druck mit einer Farbplatte

Mischtechniken

Linoldruck mit zusätzlicher Acrylfarbe

1. Als erstes zeichnen Sie einen Entwurf und übertragen diesen mit Hilfe der Schneidewerkzeuge auf die Linolplatte.

2. Besorgen Sie sich verschieden große Pinsel und 3 bis 4 helle Acrylfarben.

3. Tragen Sie die Acrylfarben mit dem entsprechend großen Pinsel direkt auf die Linolplatte auf und führen Sie damit den ersten Druck durch.

Hinweis: Sie müssen sehr schnell mit den Acrylfarben arbeiten, da diese Farben innerhalb kurzer Zeit trocken. Der Druck muss in wenigen Minuten koloriert und gedruckt sein. Nach jedem Druck müssen die Pinsel und die Druckplatten mit Wasser gewaschen und getrocknet werden.

4. Lassen Sie den Druck für 10 bis 15 Minuten trocknen.

5. Wählen Sie eine dunkle Linoldruckfarbe (z. B. Schwarz oder Dunkelblau) und drucken Sie einige Zentimeter nach rechts oder links vom Acryldruck versetzt, damit die angetrockneten Acrylfarben nicht überdruckt werden.

6. Lassen Sie den Druck trocknen.

Tipp: Diese Technik ist besonders für Kinder geeignet. Sie kann auch bei größeren Linolplatten angewendet werden. Wegen der kurzen Trockenzeit der Acrylfarben sollten aber nur bestimmte kleinere Flächen mit Acrylfarbe koloriert werden.

Da die Acrylfarbe sehr schnell trocknet, können Sie auch angefeuchtetes Aquarellpapier benutzen. Damit können ebenfalls gute Ergebnisse erzielt werden. Vergessen Sie nicht, das Papier nach dem Druck zum Trocknen zu pressen, damit es nachher eben und ohne Wellen ist.

Einfärben der Linoldruckplatte mit Acrylfarben

Drucken mit einer Andrückwalze

Vorsichtiges Abheben des Drucks

Linoldruck mit Acrylfarben

Mischtechnik: Linoldruck mit Acrylfarben und einer Farbplatte

15/25

N. Piel

Linoldruck mit Acrylfarben, 10,5 x 15 cm

3/75   N. Piel

Linoldruck mit Acrylfarben, 50 x 60 cm

Linoldruck mit Aquarellfarben und Goldmetallic-Marker

20/50 N. Piel

Linoldruck mit Aquarellfarben

Linoldruckfarbe mit zusätzlicher Aquarellfarbe

1. Zeichnen Sie einen Entwurf und schneiden Sie die Druckplatte mit den Schneide-
werkzeugen.

2. Führen Sie den Druck mit einer dunklen
Farbe, z. B. Schwarz, durch.

3. Prüfen Sie den ersten Druck und drucken
Sie die von Ihnen festgelegte Auflage.

4. Malen Sie die nicht bedruckten weißen
Stellen mit Aquarellfarbe aus.

5. Vergessen Sie nicht, das Papier nach dem
Druck zu pressen, damit es eben und ohne
Wellen trocknet.

6. Nummerieren und signieren Sie alle Linolschnitte.

Tipp: Spezialeffekte können Sie mit einem
Goldmetallic-Marker erreichen.

Linoldruck mit Aquarellfarben

14/50

N. Piel

Linoldruck mit Aquarellfarben

Anwendungsmöglichkeiten des Linoldrucks

Die vorigen Kapitel befassten sich mit dem Linolschnitt als Bild. In diesem Kapitel möchte ich weitere Anwendungsmöglichkeiten des Linoldrucks aufzeigen, z. B. Drucken von Karten, Geschenkpapieren, Plakaten, Buchumschlägen, Kalendern oder das Drucken auf Stoff. Für all diese Möglichkeiten (außer für Plakate) reichen kleine bis mittlere Linoldruckplatten aus.

Karten

Einladungen für Kindergeburtstage, Glückwunschkarten oder Weihnachtskarten sind ideale Möglichkeiten zum Drucken mit Linolschnitten. Ein großes Sortiment an Papier und Druckfarbe steht zur Verfügung. Sie können verschiedene Drucktechniken anwenden, z. B. Drucken mit nur einer Druckplatte, versetzter Druck sowie die Mischtechniken mit Acryl- oder Aquarellfarbe.

Zur Herstellung von Karten sind folgende Materialien erforderlich:
✦ Klappkarten in verschiedenen Farben
✦ Linoldruckpapier
✦ Linolplatten
✦ Aqualinoldruckfarbe
✦ Walzen: Farb- und Andrückwalze
✦ Glas- oder Kunststoffplatte zum Einfärben
✦ Schere oder Grafiker-Messer, Lineal
✦ Fotokleber
✦ wahlweise Acryl- oder Aquarellfarben, Silber- oder Goldmetallic-Marker

Arbeitsschritte zur Herstellung von Karten:
1. Schneiden Sie die Linoldruckplatten.
2. Führen Sie den Druck aus.
3. Der Druck wird mit der Schere oder dem Grafiker-Messer so zurechtgeschnitten, dass er auf die Karte passt.
4. Mit Fotokleber wird der Druck auf die Karte geklebt.
5. Für spezielle Effekte kann der Druck mit Aquarellfarbe ausgemalt (koloriert) werden.
6. Für zusätzliche Akzente auf den Karten können Metallic-Marker, z. B. in Gold oder Silber, verwendet werden.

26/50

Linoldruck mit Acrylfarben und Goldmetallic-Marker

Geschenkpapier

Geschenkpapier kann mit einer mittleren Linolplatte bedruckt werden. Motive von Häusern, Fischen, Blumen und Clowns können zum Drucken Ihres persönlichen Geschenkpapiers ausgewählt werden. Diese Methode eignet sich für Seidenpapier genauso wie für Packpapier.

Zur Herstellung von Geschenkpapier sind folgende Materialien erforderlich:
✦ Seidenpapier oder Packpapier
✦ Linolplatten
✦ Aqualinoldruckfarben
✦ Glas- oder Kunststoffplatte
✦ Walzen: Farb- und Andrückwalze
✦ alte Zeitungen

Tipp: Das Drucken auf glatten Bögen ist einfacher als auf Papier von der Rolle.

Arbeitsschritte zum Drucken von Geschenkpapier:
1. Entwerfen Sie ein Motiv und übertragen Sie es auf die Linoldruckplatte.
2. Drucken Sie auf Seiden- oder Packpapier. Bitte achten Sie darauf, dass speziell das Seidenpapier beim Abziehen der Druckplatte leicht reißt. Vergessen Sie nicht, Zeitungspapier zwischen die Seidenpapierlagen zu legen, die Druckfarbe schlägt sonst durch. Bei Packpapier ist keine Zeitungszwischenlage notwendig. Auch reißt dieses Papier normalerweise nicht.
3. Drucken Sie je nach Größe des Geschenkpapiers mehrfach ein oder mehrere

Druck mit einer Farbe auf Geschenkpapier

Druck der zweiten Farbe

Motive bzw. Druckplatten nebeneinander und zwei oder mehr Reihen untereinander, sodass zum Schluss das ganze Papier bedruckt ist.

Wenn Sie die jeweiligen Motive direkt nebeneinander drucken, ist es leichter, ein gleichmäßiges Aussehen des Geschenkpapierbogens sicherzustellen. Ein abwechslungsreicheres Aussehen erhalten Sie, wenn Sie zwischendurch Drucke weglassen, wie Sie auf der Abbildung auf Seite 53 sehen. Wenn Sie den Bogen vollständig bedrucken möchten, wechseln Sie die Farben der Drucke, damit das Geschenkpapier ein bunteres Aussehen erhält.

Auch Briefumschläge lassen sich mit Linoldruck verschönern.

Geschenkpapier mit Linolschnitt

Tipps:

✦ Drucken Sie eine Farbe in der obersten Reihe, dann versetzt die gleiche Farbe in der zweiten Reihe so lange, bis die gewünschte Anzahl von Reihen auf dem Bogen erreicht ist. Nach dem Trocknen der ersten Farbe wird in die entstandenen Lücken mit einer zweiten Farbe gedruckt. Für den ersten Druck empfiehlt es sich, eine helle Farbe zu nehmen, danach eine dunklere.

✦ Drucken Sie einige Motive falsch herum. Das ist speziell auf Geschenkpapier für Kinder schön.

✦ Bedrucken Sie nur ca. die Hälfte eines Bogens, da der Rest sowieso nicht zu sehen ist, wenn das Geschenk einmal verpackt ist. Weiterhin kann die Druckplatte zur Herstellung einer passenden Karte oder eines passenden Briefumschlags benutzt werden.

Plakate

Große Linoldrucke können Sie als Plakate für Schulveranstaltungen, Ausstellungen, Konzerte, Musicals und Werbung benutzen. Wegen der hohen Kosten, die entstehen, wenn Sie Plakate in einer Druckerei anfertigen lassen, ist dies eine gute Alternative für Schulen und andere Gruppen, ihre eigenen Ideen zu verwirklichen. Für jede Farbe muss eine extra Druckplatte erstellt werden. Für den zu druckenden Text bzw. die Informationen, die das Plakat vermitteln soll, schneiden Sie eine weitere Druckplatte. Vergessen Sie nicht, die Buchstaben spiegelverkehrt aus der Linolplatte zu schneiden.

Zur Herstellung von Plakaten sind folgende Materialien erforderlich:

◆ große Linolplatten, gut geeignet sind Platten von ca. 50 x 70 cm Größe
◆ große Bögen Linoldruckpapier, ca. 70 x 100 cm
◆ Linoldruckfarbe: Aqualinol- oder Buchdruckfarbe
◆ Walzen: Farb- und Andrückwalze
◆ Glas- oder Kunststoffplatte

Arbeitsschritte zur Herstellung von Plakaten:

1. Schneiden Sie alle Druckplatten, eine separate Druckplatte für jede Farbe. Eine zusätzliche Druckplatte ist für die Schrift erforderlich.
2. Drucken Sie die erste Farbe und lassen Sie diese trocknen.
3. Bringen Sie mit Bleistift die Markierungslinien oben links oder rechts auf dem Druck an.
4. Mit Hilfe der Markierungslinien wird die Druckplatte mit der nächsten Farbe gedruckt. Die Druckplatte wird über das Papier gelegt. Bei großen Papierformaten können Sie das Linoldruckpapier auf dem Fußboden (Teppich) bedrucken. (Vergessen Sie nicht, Zeitungspapier zum Schutz auf den Fußboden zu legen!) Die Druckplatte kommt darüber und der Anpressdruck wird dabei am besten mit den Füßen und dem Körpergewicht (ohne Schuhe!) erzeugt, wobei Sie sich langsam über die Druckplatte bewegen. Es ist wichtig, abschließend mit den Händen noch einmal die gesamte Fläche der Druckplatte auf das Papier zu drücken.
5. Der bereits beschriebene Vorgang wird mit allen weiteren Druckplatten wiederholt, bis alle Farben gedruckt sind.

Der Plakatdruck ist am besten für Schulklassen mit älteren Kindern (ab ca. 9. Klasse) geeignet.

Linoldruck mit vier Farbplatten, 50 x 60 cm

Linoldruck mit drei Farbplatten, 50 x 60 cm

Bücher

Linoldruck können Sie auch zum Drucken von Buchumschlägen anwenden. Aus dem bedruckten Papier lassen sich Tagebücher, Fotoalben und noch viele andere Umschläge herstellen.

Zur Herstellung eines Buchdeckels sind folgende Materialien erforderlich:

+ im Handel erhältliches Fotoalbum, Tagebuch oder ein anderes gebundene Buch mit unbedruckten Seiten
+ Linolplatten
+ Aquarelldruckfarbe
+ Linoldruckpapier oder Packpapier
+ Glas- oder Kunststoffplatte
+ Walzen: Farb- oder Andrückwalze
+ Fotokleber
+ Schere oder Grafikmesser
+ Lineal

Arbeitsschritte zur Herstellung eines Buchdeckels:

1. Schneiden Sie die Linoldruckplatte.
2. Drucken Sie das Motiv auf Linoldruckpapier oder Packpapier.
3. Der Druck wird mit der Schere oder dem Grafikermesser so zurechtgeschnitten, dass er auf den Buchdeckel passt.

4. Der Druck wird dann direkt auf den Buchdeckel geklebt.

Tipp: Sie können natürlich auch direkt auf den Buchdeckel drucken. Wenn der Druck jedoch nicht zu Ihrer Zufriedenheit ausfällt, können Sie ihn höchstens überkleben.

Ideen für Buchdekorationen

+ Fotoalben für Kinder: Clowns, Dinosaurier, Teddybären, Fische oder Boote
+ Fotoalben für Babys: Teddybären, Schaukelpferd, Wiege mit Baby, A – B – C auf Bauklötzen, Name des Babys handgeschrieben oder gedruckt, sowie Geburtstag und Geburtsort. Denken Sie daran, die Schrift immer spiegelbildlich aus der Linolplatte herauszuschneiden.
+ Skizzenbuch: Blumen, Blumen in einer Vase, Stillleben, Landschaft, Baum, Haus, Schiff im Wasser, Sportaktivitäten
+ Kochbuch: Blumen, Obst und Gemüse in einer Schüssel, Stillleben mit Kaffee und Kuchen, verschiedene Gartenkräuter
+ Logo einer Gruppe oder eines Clubs
Wenn Sie darüber nachdenken, kommen Ihnen sicher noch viele Dekorationsideen.

Bucheinbände mit Linolschnitten

Kalender

In den meisten Foto- oder Bastelgeschäften gibt es Kalender zum Selbstgestalten. Mit einem Linolschnitt für jeden Monat haben Sie ein wunderbares Geschenk. Es macht besonders Kindern Spaß, einen solchen Kalender anzufertigen.

Zur Herstellung eines Kalenders sind folgende Materialien erforderlich:
✦ im Handel erhältlicher Kalender zum Selbstgestalten (Foto- oder Bastelgeschäft)
✦ Linolplatten
✦ Aqualinoldruckfarbe

✦ Linoldruckpapier
✦ Glas- oder Kunststoffplatte
✦ Walzen: Farb- und Andrückwalze
✦ Schere oder Grafikermesser
✦ Lineal
✦ Fotokleber

Arbeitsschritte zur Herstellung eines Kalenders:
1. Schneiden Sie 12 jahreszeitlich unterschiedliche Motive in Linoldruckplatten.
2. Drucken Sie die Motive auf Linoldruckpapier.
3. Schneiden Sie alle Drucke zu, sodass sie in das Format des Kalenders passen.
4. Kleben Sie die Drucke in den Kalender.

Kalender mit Linolschnitten

Stoffdruck

Stoffdruck ist ebenfalls ein gutes Projekt für Kinder. Er eignet sich für T-Shirts, Schürzen, Taschen, Kissen, Seidentücher, Tischdecken, Servietten und vieles andere. Wenn Sie die Linolplatte auf ein Holzbrett kleben, ist der Druck einfacher durchzuführen. Stoffdruckfarbe ist in jedem Bastelgeschäft erhältlich.

Zum Drucken auf Stoff sind folgende Materialien erforderlich:
- T-Shirts, Kissen, Tischdecken, Geschirrtücher oder Servietten
- Linolplatten
- Stoffdruckfarbe
- alte Zeitungen
- Walzen: Farb- und Andrückwalze
- Glas- oder Kunststoffplatte

Arbeitsschritte zur Herstellung von Stoffdrucken:
1. Die T-Shirts oder andere Stoff-Artikel sollten vor dem Bedrucken zur Entfernung der Appretur, die meist bei der Einfärbung des Stoffs aufgebracht wurde, gewaschen werden.
2. Legen Sie vor dem Druck eine alte Zeitung in das T-Shirt oder die Stoff-Artikel, andernfalls gelangt beim Drucken Farbe auf die Rückseite.
3. Schneiden Sie die Linoldruckplatte.
4. Drucken Sie mit der eingefärbten Druck-

Linoldruck auf Stoff

T-Shirt mit Linolschnitten

platte. Für den Anpressdruck werden entweder die Hände oder die Andrückwalze benutzt. Dann wird der Druck überprüft und die Druckplatte langsam vom Stoff abgehoben. Der Vorgang wird wiederholt, bis das Design fertig gedruckt ist.

5. Nach dem Druck sollte die Farbe für ca. 24 Stunden auf dem ausgebreiteten Stoff trocknen.

6. Nach dem Trocknen wird die Farbe mit Hilfe eines Dampfbügeleisens fixiert. Bügeln Sie für ca. 3 bis 4 Minuten von der Stoffrückseite (linke Seite), am besten mit der Temperatureinstellung für Baumwolle.
Der Stoff mit dem fixierten Druck kann bei 30 °C gewaschen werden.

Wichtig: Seide sollten Sie nicht selbst waschen, sondern in die Reinigung geben.

Ideen für T-Shirt-Designs

✦ Benutzen Sie eine kleine oder mittelgroße Druckplatte und drucken Sie damit zweimal nebeneinander in der Mitte des T-Shirts. Direkt darunter drucken Sie ein weiteres Motiv als zweite Reihe, wobei das Bild auf dem Kopf steht. Damit entsteht ein interessantes Gesamtbild.

✦ Bedrucken Sie das gesamte T-Shirt auf Brust und Rücken oder drucken Sie zwei unterschiedliche Motive nebeneinander. Zuerst wird die Vorderseite und nach dem Trocknen die Rückseite des T-Shirts bedruckt. Vergessen Sie nicht, Zeitungspapier in das T-Shirt oder den Stoffartikel einzulegen.

◆ Die Drucke werden diagonal über Vorder- und Rückseite des T-Shirts angelegt.

◆ Sie können zusätzlich den Namen des Kindes mit einem wasserfesten Marker auf das bedruckte T-Shirt schreiben oder eine weitere Druckplatte mit dem Namen benutzen. Dies ist eine großartige Idee für ein Geburtstagsgeschenk für jüngere Kinder.

◆ Sie können die T-Shirts auch gemeinsam mit den Kindern bei einer Geburtstagsparty bedrucken. Nach dem Fixieren ist dann am nächsten Tag das T-Shirt fertig und kann den Kindern zum Anziehen gegeben werden.

Küchentuch mit Linolschnitten